W0068363

So schmeckt
der Lungau

JOSEF STEFFNER

So schmeckt
der Lungau

 DAS GROSSE KLEINE BUCH   Nº 008

Inhaltsverzeichnis

Vorwort

Der Lungau war schon immer „meine" Heimat. Ich bin stolz darauf, dass ich aus Mauterndorf komme, hier mein Glück gefunden habe und mit meiner Frau Maria im Mesnerhaus einen gemeinsamen Lebenstraum verwirklichen darf. Wo auch immer ich in der Kochwelt gerade weilte, haben mich die Besonderheiten dieser Salzburger Region begleitet. Es liegt wohl an der abgeschieden gelegenen Landschaft hinter den Tauern, die die Menschen inspiriert, ihren eigenen Weg zu gehen. Küchentechnisch sagt man „die eigene Suppe kochen". In diesem Buch habe ich einfache Lungauer Köstlichkeiten, die hier seit jeher gekocht werden, zusammengetragen. Das handgeschriebene Kochbuch meiner Urgroßmutter trug dazu genauso bei wie unzählige Besuche, Gespräche und Aufenthalte in den Küchen vieler Haushalte von Tamsweg bis Obertauern.

In unserem Restaurant, dem Mesnerhaus, sind regionale Produkte fixer Bestandteil der Speisekarte. Unsere Lieferanten kommen aus der direkten Nachbarschaft und sind – eben richtige Lungauer – immer nur mit dem Besten zufrieden. Das Konzept unseres Hauses war gewagt, die unglaublich vielen positiven Rückmeldungen haben Mut gemacht.

Jetzt ist es mir eine Freude und Ehre, die gesammelten Rezepte mit den ursprünglichen Zutaten samt Tipps und Tricks an Sie weitergeben zu dürfen. Sie werden staunen, was aus einfachen Lebensmitteln gemacht werden kann und wie Sie mit teilweise ungewöhnlichen Kombinationen ganze Menüs erschaffen, die Sie und Ihre Gäste begeistern werden.

Leben – genießen – essen: So lautet unser tägliches Motto. Genau das wünsche ich auch Ihnen beim Schmökern und Nachkochen.

Herzlichst, Ihr Josef Steffner

Josef und Maria Steffner

Tauernroggen-Knäckebrot mit Eachtling-Aufstrich

Für 4 Personen
Zubereitungsdauer: 20–25 Minuten

Zutaten für das Tauernroggen-Knäckebrot:

25 g Kümmelöl
(z.B. von Johannes Pinterits)
25 g Sonnenblumenöl
100 ml Wasser
21 g frische Hefe (½ Würfel)
8 g Kräutersalz
125 g Weizenmehl Type 480
125 g grob gemahlener Tauernroggen

Zubereitung:

1) Öle und Wasser mit der Hefe und dem Salz gut vermischen, Mehl und Tauernroggen dazugeben und einen glatten Teig herstellen.
2) Den Teig im Kühlschrank 1–2 Stunden rasten lassen.
3) Den Teig 1–2 mm dünn ausrollen, Quadrate ausschneiden und im vorgeheizten Ofen bei 180° C ca. 5–10 Minuten backen, bis die Quadrate trocken und goldgelb sind.

Zutaten für den Eachtling-Aufstrich:

100 g gekochte, zerquetschte Eachtling
(Kartoffeln aus dem Lungau)
100 g Ziegenfrischkäse
(z.B. von Gunther Naynar)
70 g Sauerrahm
1 EL fein geschnittener Schnittlauch
1 EL süßer Senf
1 TL scharfer Senf
Kräutersalz, Pfeffer aus der Mühle, Senföl

Zubereitung:

1) Die gekochten und zerquetschten Eachtling mit dem
   Ziegenfrischkäse vermengen und den Sauerrahm beigeben.
2) Die restlichen Zutaten dazugeben und den Aufstrich
   abschmecken.

Unser Restaurant
in Mauterndorf

Klachelsuppe mit gebackener Blunzn und Majoranbiscuits

Für 4 Personen

Zubereitungsdauer: 140 Minuten

Zutaten für die Klachelsuppe:

4 Schweinshaxerl
4 l kaltes Wasser
250 g geschältes Wurzelgemüse
(Sellerie, Lauch, Karotten)
frischer Thymian, frisches Liebstöckel
1 Zwiebel
(halbiert, an den Schnittstellen dunkel angebraten)
2 zerdrückte Knoblauchzehen
2 Lorbeerblätter, Pfefferkörner, Wacholderbeeren
40 g Butterschmalz
120 g Mehl
Kräutersalz
2 EL Sauerrahm
2 EL Wasser
Majoranöl
fein geschnittener Schnittlauch

Zubereitung:

1) Schweinshaxerl gut waschen. Mit kaltem Wasser, dem Wurzelgemüse und den Gewürzen eine Suppe ansetzen. Haxerl ca. 70 Minuten lang weich köcheln und die Suppe abseihen.

2) Das Gemüse und die Haxerl kühlstellen und in kleine Würfel schneiden.
3) Mit dem Butterschmalz und dem Mehl eine Einbrenn herstellen, mit der Suppe aufgießen und mit dem Kräutersalz abschmecken. Geschnittenes Gemüse und Fleisch beigeben.
4) Sauerrahm, Majoranöl und Wasser in einer Schüssel verrühren, kurz vor dem Servieren in die Suppe einrühren und mit Schnittlauch garnieren.

Zutaten für die gebackene Blunzn:

100 g feste Blunzn (Blutwurst)
1 Schalotte (fein geschnitten)
etwas Butter, Kräutersalz, Pfeffer aus der Mühle
Mehl, Ei, Brösel, Panko-Brösel (japanisches Paniermehl)

Zubereitung:

1) Die fein geschnittene Schalotte in einer Pfanne in etwas Butter weich dünsten und die Blutwurst beigeben. Mit Kräutersalz und Pfeffer abschmecken.
2) Die Masse zu kleinen Knödeln drehen.
3) Die Knödel zuerst in Mehl, Ei und Bröseln wenden, dann nochmals durch das Ei ziehen und zum Schluss in Panko-Bröseln wälzen.
4) Die Knödel im Tiefkühler aufbewahren, damit sie ihre Form behalten.
5) Anschließend bei 170° C ca. 2 Minuten in heißem Fett frittieren.

Tipp:
Man kann die Blunzn auch in Scheiben schneiden und dann panieren.

4 Eier
20 g Mehl
40 g frische Majoranblätter
Salz

Zubereitung:

1) Alle Zutaten fein mixen, passieren und in einen isi-Siphon füllen, mit 2 Sahnekapseln versetzen.
2) Die Masse in Plastikbecher sprühen und bei voller Mikrowellenleistung ca. 20 Sekunden backen.

Gebackene Blunzn

Schollsuppe
mit Schwarzbrotchips
und Liebstöckelpesto

Für 4 Personen
Zubereitungsdauer: 30 Minuten

Zutaten für die Schottsuppe:

1 l Buttermilch für die Schottenherstellung
(oder 400 g fertige Schotten)
125 g Schlagobers
2 EL Sauerrahm
500 ml Gemüsesuppe oder Wasser
150 g altes, würfelig geschnittenes Schwarzbrot,
in Butter geröstet
Salz, Kümmel
Majoranöl

Zubereitung:

1) Für die Schotten Buttermilch unter ständigem Rühren
   aufkochen, abkühlen lassen, anschließend die Masse durch
   ein Sieb abseihen.
2) Den dicken Rückstand mit siedendem Wasser übergießen
   und in einem Passiertuch abtropfen lassen. Sie können aber
   auch fertige Schotten verwenden.
3) Schotten, Schlagobers, Sauerrahm und Gemüsesuppe aufkochen.
4) Mit Salz und Kümmel würzen, die gerösteten Schwarzbrot-
   würfel dazugeben.

Zutaten für das Liebstöckelpesto:

4 EL Liebstöckel
7 EL Sonnenblumenöl
2 EL Walnüsse
2 EL Parmesan
Salz, Pfeffer, Piment d´Espelette
(Chili aus Frankreich)

Zubereitung:

1) Liebstöckel, Sonnenblumenöl und Walnüsse fein mixen und den Parmesan hinzufügen.
2) Mit den Gewürzen abschmecken.

Zutaten für die Schwarzbrotchips:

4 dünne Scheiben Schwarzbrot
4 dünne Scheiben Lungauer Speck

Zubereitung:

1) Den Ofen auf 120° C vorheizen. Schwarzbrot und Speck mit der Schneidemaschine sehr fein schneiden und auf ein Backpapier legen. Mit einem weiteren Backpapier bedecken, sodass Schwarzbrot und Speck zwischen zwei Backblechen liegen.
2) Im Ofen 45 Minuten backen, bis die Chips knusprig sind.

Das Mesnerhaus
in Mauterndorf

Lungauer Flusskrebse mit gedünstetem Kohlrabi und Kohlrabi-Vogelmieren-Schaum

Für 4 Personen

Zubereitungsdauer: 35–45 Minuten

Zutaten für die Lungauer Flusskrebse:

8 Flusskrebse (2 Stück pro Person)
etwas Wurzelwerk
Kümmel
1 EL Butter
1 zerdrückte Knoblauchzehe
1 Thymianzweig
1 Rosmarinzweig
etwas frische Dille

Zubereitung:

1) Wasser mit Wurzelwerk und Kümmel versetzen, die Krebse im kochenden Fond 1 Minute kochen lassen und sofort in kaltem Wasser abschrecken.

2) Den Krebs beim Kopf festhalten, den Krebsschwanz durch Drehen vorsichtig herunterziehen, dann das Fleisch von Darm und Schale befreien. Die Scheren ausbrechen.

3) Das Krebsfleisch in den erkalteten Kochsud legen, damit das Fleisch nicht anläuft. Vor dem Anrichten in einer Pfanne Butter schmelzen, die zerdrückte Knoblauchzehe, den Thymian- und den Rosmarinzweig dazugeben und das Krebsfleisch mit etwas Fond zugeben, lauwarm mit Dille anrichten.

Zutaten für den gedünsteten Kohlrabi:

3 mittelgroße Kohlrabi
70 g Butter
2 Thymianzweige
200 ml Gemüsesuppe
Salz, Zucker

Zubereitung:

1) Kohlrabi schälen, halbieren und mit einem kleinen Ausstecher Zylinder ausstechen (Abschnitte für den Kohlrabi-Vogelmieren-Schaum aufheben).
2) Butter und Thymianzweige in der Pfanne erwärmen, den Kohlrabi kurz ansautieren, mit der Gemüsesuppe ablöschen und bissfest dünsten.
3) Mit Salz und Zucker abschmecken.

Zutaten für den Kohlrabi-Vogelmieren-Schaum:

Abschnitte vom Kohlrabi
40 g kalte Butterwürfel
Salz, Zucker
4 EL Vogelmiere

Zubereitung:

1) Die Abschnitte vom Kohlrabi mit einem Entsafter entsaften, den Kohlrabisaft einmal kurz in einem Topf aufkochen. Durch ein feines Sieb gießen und mit kalten Butterwürfeln

montieren. Mit Salz und Zucker abschmecken.

2) Vor dem Servieren zusammen mit der Vogelmiere bei ca. 70° C mixen und aufschäumen.

Burg Mauterndorf

Gegrillte und roh gehobelte Steinpilze mit rotem Zwiebelkonfit

Für 4 Personen
Zubereitungsdauer: 10–15 Minuten

Zutaten:

4 Steinpilze (ca. 300 g geputzt)
Kräutersalz
weißer Pfeffer aus der Mühle
Olivenöl
1 frischer Rosmarinzweig
1 frischer Thymianzweig
1 ungeschälte, zerdrückte Knoblauchzehe
1 EL kalte Butter
1 kleiner, fester Steinpilz zum Hobeln

Zubereitung:

1) Steinpilze in ca. 6–8 mm dicke Scheiben schneiden, mit Salz und Pfeffer würzen, mit Olivenöl beträufeln und in der heißen Grillpfanne links und rechts anbraten, sodass ein schönes Grillmuster entsteht. Pilze aus der Pfanne nehmen.
2) Eine Bratpfanne leicht erhitzen, Olivenöl beigeben, Rosmarin- und Thymianzweig mit dem Knoblauch leicht erhitzen, gegrillte Pilze und Butter dazugeben und goldbraun braten.
3) Zum Schluss den kleinen Pilz fein über das Gericht hobeln.

<u>Zutaten für das Zwiebelkonfit:</u>

250 g rote Zwiebeln
Olivenöl
ein Spritzer weißer Balsamico-Essig
50 ml Weißwein
50 ml Portwein (rot)
1 frischer Thymianzweig
1 EL Zucker
30 g kalte Butter
Kräutersalz
etwas frische Schafgarbe

<u>Zubereitung:</u>

1) Zwiebeln schälen, halbieren und der Länge nach in feine Scheiben bzw. Stifte schneiden.
2) In einer Pfanne etwas Olivenöl leicht erhitzen, die Zwiebeln in die Pfanne geben und glasig dünsten. Mit Essig und Weißwein ablöschen, Portwein, Thymianzweig und Zucker beigeben, einkochen lassen.
3) Zum Schluss Butter beigeben und mit Kräutersalz und frischer Schafgarbe abschmecken.

Steinpilze aus den
Lungauer Wäldern

Kraut & Rüben mit Hasenöhrl

Für 4 Personen
Zubereitungsdauer: 40−60 Minuten

Zutaten für die Hasenöhrl:

300 g griffiges Mehl
1 Ei
1 Eidotter
2 EL Sauerrahm
ca. ⅛ l lauwarme Milch
20 g zerlassene Butter
Salz, gemahlener Kümmel
Butterschmalz zum Backen

Zubereitung:

1) Aus Mehl, Ei, Sauerrahm, Milch und Butter einen festen Teig kneten. Mit Salz und gemahlenem Kümmel abschmecken.
2) Den Teig etwa 30 Minuten kühl rasten lassen.
3) Teig dünn ausrollen und mit einem Ausstecher mit einem Durchmesser von ca. 5 cm Kreise ausstechen.
4) Die runden Teigstücke in heißem Butterschmalz schwimmend backen, bis sie goldgelb sind und aufgehen wie ein Polster.

Zutaten für das Karamellkraut:

1 Kopf Weißkraut (in 1,5 x 1,5 cm große Würfel geschnitten)
6 EL Butter
3 EL Zucker
etwas Salz

Zubereitung:

1) Butter und Zucker in einer Pfanne karamellisieren, das Kraut salzen.
2) Wenn der Zucker braun ist, das Kraut hinzufügen und bei schwacher Hitze schmoren, bis das Kraut weich und goldbraun ist.
3) Süßlich abschmecken.

Zutaten für die sauren Roten Rüben:

1 rohe, geschälte Rote Rübe
(Rechtecke schneiden: 2 cm breit, 8 cm lang
und 1 mm dünn, ca. 2 Stück pro Portion)
70 g Apfelessig
30 g Wasser
50 g Zucker
6 g Salz
frisches Liebstöckel

Zubereitung:

1) Apfelessig, Wasser, Zucker und Salz in einem Topf aufkochen.
2) Die vorbereiteten Roten Rüben gemeinsam mit der Flüssigkeit und einem Zweig Liebstöckel in den Essig einlegen.

Almhütte im
Lungauer Göriachtal

Zutaten für die gedünsteten Roten Rüben:

1 gekochte Rote Rübe (mit Zylinderform ausgestochen, 1–2 cm
Durchmesser, ca. 3 Stück pro Portion)
3 EL Rote-Rüben-Saft
1 EL kalte Butter
1 frischer Thymianzweig

Zubereitung:

1) Die vorbereiteten, ausgestochenen Roten Rüben mit dem Saft
   und dem Thymianzweig erwärmen.
2) Mit kalter Butter montieren und servieren.

Rosa gebratener Rehschlögel mit Petersilienwurzelpüree, Grantengel und Petersilienwurzelchips

Für 4 Personen

Zubereitungsdauer: 60–85 Minuten

Zutaten für den rosa gebratenen Rehschlögel:

600 g zugeputzter Rehschlögel (150 g pro Person)
Kräutersalz
Wildgewürz
weißer Pfeffer aus der Mühle
50 g Butterschmalz
1 frischer Rosmarinzweig
1 frischer Thymianzweig
2 zerdrückte Knoblauchzehen
Wildjus
50 g kalte Butter

Zubereitung:

1) Fleisch putzen und mit den Knochen und Parüren einen Jus herstellen (siehe Rindsbackerl).
2) Fleisch mit Kräutersalz und Wildgewürz würzen, pfeffern, in einer heißen Pfanne mit Butterschmalz, Kräutern und Knoblauch auf jeder Seite goldgelb anbraten.
3) Fleisch herausgeben und für ca. 6 bis 10 Minuten, je nach Größe des Fleischstückes, bei 160° C bei trockener Hitze in den Ofen geben.

4) Dann das Fleisch bei 50° C rasten lassen oder in Alufolie einwickeln.
5) Kurz vor dem Servieren mit Butter und Kräutern in einer Pfanne nachbraten.

Zutaten für das Petersilienwurzelpüree:

4–5 Petersilienwurzeln (ca. 350–400 g)
etwas Butter
etwas Gemüsefond oder Wasser
3 EL Schlagobers
2 EL kalte, braune Butter
Salz, Zucker

Zubereitung:

1) Petersilienwurzeln schälen und in Würfel schneiden (aus den Schalen einen Fond kochen). Die Wurzeln in Butter ohne Farbe anschwitzen, mit dem Gemüsefond bzw. dem Wasser aufgießen und weichkochen.
2) Etwas Schlagobers beigeben und einkochen, bis fast keine Flüssigkeit mehr im Topf ist, dann mit brauner Butter fein mixen.
3) Mit Salz und Zucker abschmecken, gegebenenfalls mit Milch oder Schlagobers in die gewünschte Konsistenz bringen.

Zutaten für das Grantengel:

250 g frische Granten (Preiselbeeren)
¼ l Portwein (rot)
50 g Honig
3 g Agar-Agar
etwas Staubzucker

Zubereitung:

1) Preiselbeeren und Portwein in einem Topf auf die Hälfte reduzieren.
2) Honig beigeben, mit Agar-Agar binden.
3) Die Masse erkalten lassen.
4) Mixen, wenn nötig durch ein Sieb passieren, sodass die Masse ganz fein ist, mit Staubzucker süßen.
5) In einen Einweg-Spritzsack füllen und aufspritzen.

Zutaten für die Petersilienwurzelchips:

1 kleine, rohe Petersilienwurzel
1 Eiweiß
Staubzucker

Zubereitung:

1) Petersilienwurzeln der Länge nach fein schneiden.
2) Die Streifen durch das Eiweiß ziehen.
3) Auf ein Backpapier legen, mit Staubzucker bestäuben und bei 60° C im Ofen ca. 60 Minuten lang trocknen lassen.

Rosa gebratenes Reh

Lammschöpsernes vom Milchlamm mit Bierrettich und Semmelkren

Für 4 Personen
Zubereitungsdauer: 80–120 Minuten

Zutaten für das Lammschöpserne:
800–1000 g Milchlammfleisch ohne Knochen
(am besten vom Schlögel)
Kräutersalz
300 g Wurzelwerk
(Sellerie, Karotten, Petersilie, Pastinake, Porree)
Suppengrün
ca. ½ l kaltes Wasser
1 geschälte Zwiebel
1 Knoblauchzehe
4 Wacholderbeeren
1 Bertramzweig
1 Rosmarinzweig
1 TL Kümmel
1 Lorbeerblatt, Salbei, Thymian
Liebstöckel, Pfeffer aus der Mühle
6 geschälte und geviertelte Eachtlinge
(Lungauer Kartoffeln)

Zubereitung:

1) Fleischstücke vom überschüssigen Fett trennen, mit heißem Wasser abspülen und trockentupfen.

2) Lammfleisch mit Salz, Wurzelwerk, Suppengrün, kaltem Wasser und den restlichen Zutaten (alles außer den Eachtlingen) in eine Kasserolle geben und bei 180° C ca. 60–90 Minuten im Rohr weich schmoren.

3) Das Fleisch wiederholt mit dem eigenen Bratensaft übergießen. Nach ca. 30 Minuten die Eachtlinge zum Fleisch geben, immer wieder mit dem eigenen Bratensaft übergießen und fertig braten.

Zutaten für den Bierrettich:

12 dünne Scheiben Bierrettich
etwas Kresse

Zubereitung:

1) Den Bierrettich mit der Schneidemaschine in dünne Scheiben schneiden, diese aufeinanderlegen und in feine Streifen schneiden, salzen und mit Kresse garnieren.

Zutaten für den Semmelkren:

100 ml Schlagobers
100 ml Lammfond oder Gemüsesuppe
50 g Semmelwürfel
1 EL Steirer-Krenpaste
Salz, Pfeffer, Muskatnuss, Zucker

Zubereitung:

1) Schlagobers mit dem Fond aufkochen und vom Herd ziehen.

2) Semmelwürfel und Krenpaste hinzufügen und ca. 10 Minuten ziehen lassen.
3) Mit Salz, Pfeffer, Muskatnuss und Zucker abschmecken und lauwarm servieren.

Bertram aus den heimischen Wäldern

Poelierte Bachforelle mit Stampfkartoffeln und Sauerampfer-Sauerrahm-Dip

Für 4 Personen

Zubereitungsdauer: 20 Minuten

Zutaten für die poelierte Bachforelle:

2 frische Bachforellen
(ca. 450–500 g pro Stück)
Kräutersalz
2 EL Olivenöl
1 Thymianzweig
1 Rosmarinzweig
1 zerdrückte Knoblauchzehe
2 EL Butter

Zubereitung:

1) Die Forelle filetieren, Gräten entfernen, dann Fisch portionieren und salzen.
2) Das Öl mit den Kräutern und dem Knoblauch in einer Pfanne leicht erhitzen.
3) Die Filets mit der Hautseite nach unten in die Pfanne geben und die Hitze reduzieren.
4) Butter beigeben und den Fisch immer wieder mit der Kräuter-, Öl- und Buttermischung übergießen, bis der Fisch glasig ist (ca. 2–3 Minuten, je nach Stärke des Filets).
5) Die Haut lösen und die Bachforelle servieren.

Zutaten für die Stampfkartoffeln:

280 g geschälte, in Würfel geschnittene und gekochte Eachtling
(Lungauer Eachtling: Desire oder Laura)
1 TL Nussbutter
1 TL Schnittlauch
1 EL Sauerrahm
Feinschmeckertipp: 30g Forellenkaviar von Walter Grüll

Zubereitung:

1) Die warmen Kartoffeln in einer Schüssel zerdrücken.
2) Nussbutter, Schnittlauch und den Sauerrahm hinzufügen
   und abschmecken.
3) Die lauwarme Kartoffelmasse in einen kleinen Ring geben
   und anrichten.

Zutaten für den Sauerrahm-Sauerampfer-Dip:

100 g Sauerrahm
100 g Crème fraîche
10 Blätter Sauerampfer
Salz, Pfeffer, Piment d´Espelette

Zubereitung:

1) Sauerrahm und Crème fraîche verrühren. Die Sauerampfer-
   blätter fein schneiden, zur Masse geben und mit Salz, Pfeffer
   und Piment d'Espelette abschmecken.

Prebersee

Lessacher Berglamm-Ragout mit gebackenen Knödeln und geschmorten Tomaten

Für 4 Personen

Zubereitungsdauer: 125–165 Minuten

Zutaten:

1 Majoranzweig

1 Thymianzweig

1 Rosmarinzweig

2 zerdrückte Knoblauchzehen

1–2 EL Bockshornklee

1 kg Lammfleisch (Schlögel oder Schulter)

Kräutersalz, Pfeffer aus der Mühle

80 g Schweinefett oder Butterschmalz

6 EL Zwiebel, fein geschnitten

80 g Paprikapulver edelsüß

1 EL Tomatenmark

1 l Gemüsefond, Hühnerfond oder Rindsuppe

50 g Mehl

100 g getrocknete Tomaten, fein würfelig geschnitten

Zubereitung:

1) Majoran, Thymian, Rosmarin, Knoblauchzehen und Bockshornklee fein hacken.
2) Das Lammfleisch in kleine Würfel schneiden und mit Salz und Pfeffer würzen.

3) Fett in eine Pfanne geben, erhitzen, das Fleisch dazugeben, mit den Zwiebeln durchrösten, Paprikapulver und Tomatenmark hinzufügen und mit einem Teil der Flüssigkeit auffüllen.
4) Einkochen, die getrockneten Tomaten und die gehackten Kräuter beigeben, mit dem Mehl stäuben und mit der restlichen Flüssigkeit auffüllen.
5) Zugedeckt so lange dünsten, bis das Fleisch weich ist, nochmals abschmecken.

Zutaten für die Rollgerste:

5 EL Rollgerste
2 EL Butter
Salz, Pfeffer

Zubereitung der Rollgerste:

1) Rollgerste einen Tag vorher in Wasser einweichen.
2) Das Wasser abgießen.
3) Die Rollgerste in Salzwasser weich kochen. Die weiche Rollgerste in Butter erwärmen und mit Salz und Pfeffer abschmecken.

Zutaten für die gebackenen Knödel:

4 Kaisersemmeln
30 g Butter
1 Ei
$\frac{1}{16}$ l Milch
1 EL geschnittene Petersilie
Salz und Pfeffer aus der Mühle
etwas Butterschmalz zum Backen

<u>Zubereitung</u>:

1) Die kleinwürfelig geschnittenen Semmeln in heißer Butter anrösten.
2) Das Ei und die Milch verrühren und über die Semmeln gießen. Petersilie beigeben, mit Salz und Pfeffer abschmecken.
3) Die Masse etwas durchziehen lassen und dann die Masse in einer Pfanne mit Butterschmalz links und rechts goldgelb backen.
4) Die fertig gebackenen Knödel in Quadrate schneiden oder rund ausstechen.

<u>Zutaten für die geschmorten Tomaten</u>:

10 kleine Tomaten (2 Stück pro Person)
Kräutersalz, etwas Zucker
90 g Olivenöl
je 1 Thymian-, Rosmarin- und Basilikumzweig

<u>Zubereitung</u>:

1) Tomaten enthäuten.
2) Tomaten mit Salz und Zucker würzen, in Olivenöl mit den Kräutern leicht schmoren (nicht zu heiß, damit die Tomaten ganz bleiben).

Nr. 56 – die Hausnummer unseres Restaurants

Geschmorte Rindsbackerl mit Eachtling-Brennnessel-Sterz und sauer eingelegtem Sellerie

Für 4 Personen
Zubereitungsdauer: 120–180 Minuten

Zutaten für geschmorte Rindsbackerl:

2 Bio-Rindsbackerl (Ochsenbackerl)
Gewürzsalz und Pfeffer aus der Mühle
3 EL Butterschmalz zum Anbraten
250g Wurzelgemüse
1 weiße Zwiebel
2 zerdrückte Knoblauchzehen
2 Lorbeerblätter
15 Pfefferkörner
8 Wacholderbeeren
1 Rosmarinzweig
1 Thymianzweig
1 EL Tomatenmark
ca. ½ l Rotwein
1 l Kalbsfond, Gemüsefond oder Rindsuppe

Zubereitung:

1) Backerl mit Gewürzsalz und Pfeffer würzen, in einem heißen Topf mit Butterschmalz auf beiden Seiten braun anbraten.
2) Backerl herausnehmen und auf die Seite legen.

3) Das Wurzelgemüse in den Topf geben, wenn nötig noch ein bisschen Butterschmalz beigeben, ca. 5–10 Minuten bei niedriger Temperatur rösten.

4) Zwiebeln, Knoblauch, Lorbeerblätter, Wacholderbeeren, Pfefferkörner, Rosmarin und Thymian dazugeben, diese ebenfalls goldgelb rösten.

5) Tomatenmark hinzufügen und rösten, bis sich eine braune Schicht am Topfboden bildet. Mit ca. 150 ml Rotwein aufgießen, diesen Vorgang dreimal wiederholen.

6) Mit Rindsuppe aufgießen und die Backerl in die Brühe legen, sie müssen mit der Flüssigkeit bedeckt sein.

7) Zugedeckt ca. 90 bis 120 Minuten lang schmoren.

8) Die Backerl in dieser Sauce auskühlen lassen, zumindest aber für einige Stunden. Mit einer Gabel kontrollieren, ob das Fleisch weich ist, ansonsten nochmals nachschmoren.

9) Nun die Sauce passieren und bis zur gewünschten Konsistenz einkochen.

10) Fleisch aufschneiden und mit der Sauce servieren.

Zutaten für den Eachtling-Brennnessel-Sterz:

500 g in der Schale gekochte Eachtling (Lungauer Kartoffeln)
1 EL Butterschmalz
1 EL fein geschnittene Schalotten
3 EL kalte Butter
10–20 geschnittene Brennnesselblätter
Kräutersalz, Pfeffer aus der Mühle

Zubereitung:

1) Eachtling schälen und in einer Pfanne mit Butterschmalz goldgelb anbraten.

2) Mit einer Gabel zerdrücken, Schalotten beigeben, wiederum anbraten, etwas kalte Butter beigeben und diesen Vorgang wiederholen, bis alles schön durchgeröstet ist.
3) Zum Schluss die geschnittenen Brennnesselblätter dazugeben, mit Salz und Pfeffer abschmecken.
4) Mit zwei Löffeln Nocken formen und servieren.

<u>Zutaten für den sauer eingelegten Sellerie:</u>

70 g Apfelessig
30 g Wasser
50 g Zucker
6 g Salz
1 geschälter Sellerie
(in Streifen geschnitten: 8 cm mal 2 cm mal 2 cm)
frischer Rosmarinzweig

<u>Zubereitung:</u>

1) Essig, Wasser, Zucker und Salz aufkochen.
2) Sellerie mit der Flüssigkeit und einem Rosmarinzweig 15 bis 20 Minuten lang weich dünsten.

Mesnerhaus

Gebackene Schneebälle mit Hollerkoch und gelber Enzianwurzelsabayone

Für 4 Personen

Zubereitungsdauer: 20–25 Minuten ohne Rastzeit

Zutaten für die gebackenen Schneebälle:

320 g Mehl
4 Eidotter
7 EL Sauerrahm
⅛ l Weißwein
1 Prise Salz
Staubzucker, Butterschmalz

Zubereitung:

1) Mehl, Eidotter, Sauerrahm, Weißwein und Salz zu einem glatten Teig verarbeiten.
2) 1 Stunde kühl rasten lassen.
3) Dann den Teig dünn ausrollen und in Streifen schneiden. Die Steifen um einen Kochlöffel wickeln und im Butterschmalz goldbraun backen. Die Schneebälle vom Kochlöffel nehmen und nochmals mit Teigstreifen umwickeln, sodass sie beim Backen eine runde Form bekommen.
4) Die Schneebälle abtropfen lassen und mit Staubzucker bestreuen.

Zutaten für das Hollerkoch:

1 geschälter Apfel
$\frac{1}{8}$ l Wasser
100 g Waldhonig
Zimt, Nelken, Zitronenschale
500 g Holunderbeeren
etwas Maizena

Zubereitung:

1) Den Apfel fein reiben.
2) Wasser und Honig in einem Topf aufkochen, Zimt, Nelken, Zitronenschale und den geriebenen Apfel 5 Minuten mitkochen, dann die Holunderbeeren hinzufügen und ca. 5 bis 10 Minuten leicht köcheln lassen.
3) Etwas Maizena mit Wasser glattrühren und das Hollerkoch damit binden.

Zutaten für die gelbe Enzianwurzelsabayone:

1 Eidotter, 1 Ei
1 EL Zucker
1 Pkg. Vanillezucker
125 g Weißwein
40 g Enziansirup
(z.B. Enzo aus der Genusswerkstatt Trausner)

Zubereitung:

1) Eier, Zucker, Vanillezucker, Weißwein und Enziansirup in einem Kessel über Wasserdampf dickschaumig aufschlagen und sofort servieren.

Leben – genießen – essen
lautet unser Motto.

Topfenschmarren mit eingelegten Vogelbeeren und Vogelbeerengranité

Für 4 Personen

Zubereitungsdauer: 20–25 Minuten

Zutaten für den Topfenschmarren:

250 g Bauerntopfen

40 g Milch

80 g Schlagobers

abgeriebene Schale einer Zitrone und einer Orange

ausgekratztes Mark einer Vanilleschote

5 Eidotter

100 g Mehl

20 g Rosinen

5 Eiweiß

60 g Zucker

etwas Butter zum Backen

Zubereitung:

1) Topfen, Milch und Schlagobers in einer Schüssel glattrühren.

2) Zitronen- und Orangenschalen, Vanillemark und Eigelb unterrühren, zum Schluss das gesiebte Mehl und die Rosinen unterheben.

3) Eiweiß mit Salz und einem Teil des Zuckers halb aufschlagen, restlichen Zucker beigeben und steif aufschlagen.

4) Vorsichtig unter die Topfenmasse heben.
5) Butter in einer heißen Pfanne zerlaufen lassen, die Masse eingießen. Bei kleiner Flamme so lange auf dem Herd lassen, bis der Boden goldbraun ist. Die Masse in den auf 160° C vorgeheizten Ofen stellen und ca. 15 Minuten backen.
6) Den Schmarren in Würfel schneiden, mit Zucker bestreuen und servieren.

> *Tipp:*
> *Man kann den Schmarren in der Pfanne glasieren.*
> *– 40 g Butter*
> *– 40 g Puderzucker*
> *Die Butter in der Pfanne mit dem Schmarren zerlaufen lassen und den Staubzucker beigeben.*

Zutaten für die eingelegten Vogelbeeren:

110 g brauner Zucker
150 g Apfelsaft
½ ausgekratzte Vanilleschote
1 Sternanis
1 Nelke
4 Pimentkörner
1 kg reife Vogelbeeren (gerebelt)

Zubereitung:

1) Zucker in einer Pfanne karamellisieren, mit Apfelsaft ablöschen, die Gewürze beigeben und köcheln, bis sich der Zucker auflöst. Nun die Vogelbeeren in den Sud geben und noch einmal kurz aufkochen lassen.

Zutaten für das Vogelbeerengranité:

500 g Vogelbeeren, eingelegt im Sud
(siehe Rezept)
100 g Apfelsaft
100 ml Noilly Prat
(Wermut)
eventuell etwas Zucker
Abrieb einer halben Zitrone

Zubereitung:

1) Die Vogelbeeren mixen und passieren, mit den restlichen
   Zutaten vermengen und abschmecken.
2) In ein flaches Geschirr füllen und über Nacht im Tiefkühler
   frieren lassen.
3) Das gefrorene Granité mit einem Löffel herunterschaben
   und anrichten.

Vogelbeeren

Schwarzbeerstrudel mit Topfen-Zitronenverbene-Sauce und Karamell-Rosmarin-Espuma

Für 4 Personen

Zubereitungsdauer: 20–30 Minuten ohne Gehzeit

Zutaten für den Schwarzbeerstrudel:

300 g Mehl

100 g Zucker

1 Pkg. Backpulver

1 Ei

250 g Magertopfen

1 Pkg. Vanillezucker

1 Prise Salz

5 EL Öl

5 EL Milch

500 g Schwarzbeeren (Heidelbeeren)

100 g Zucker

3 EL Wasser

1 Ei zum Bestreichen

Zubereitung:

1) Mehl, Zucker, Backpulver, Ei, Magertopfen, Vanillezucker, Salz, Öl und Milch zu einem Teig verkneten und 30 Minuten an einem warmen Ort rasten lassen.

2) In der Zwischenzeit die Schwarzbeeren mit Zucker und Wasser aufkochen und wie eine Marmelade ca. 20 Minuten lang einkochen.

3) Den Teig ausrollen, mit der Schwarzbeermarmelade bestreichen und zu einer Rolle formen. Den Strudel mit dem Ei bestreichen, bei 180° C ca. 20–25 Minuten im Ofen backen, bis der Strudel goldgelb ist.

Zutaten für die Topfen-Zitronenverbene-Sauce:

50 g Joghurt
1 Bund Zitronenverbene
150 g Topfen
100 g Crème fraîche
50 g Staubzucker
½ Pkg. Vanillezucker
etwas Zitronensaft

Zubereitung:

1) Joghurt mit der Zitronenverbene fein mixen und mit den restlichen Zutaten verrühren.

Zutaten für das Karamell-Rosmarin-Espuma:

210 ml Milch
210 ml Schlagobers
6 Zweige Rosmarin
3 Eigelb
55 g Zucker
1 Schuss Mandellikör

Zubereitung:

1) Milch und Schlagobers aufkochen, den Rosmarin hinzufügen und ca. 30 Minuten ziehen lassen. Danach den Zucker goldgelb

karamellisieren und mit der Milch-Sahne-Mischung ablöschen. Karamell auflösen und die Masse durch ein Sieb gießen. Den Mandellikör hinzufügen und die Masse mit dem Eigelb in einem Kessel über Wasserdampf unter ständigem Rühren eindicken.

2) Die fertige Masse in eine kleine Espumaflasche leeren, mit einer Sahnepatrone füllen und bis zum Anrichten kühl stellen.

Schwarzbeeren aus dem Wald

Über den Autor

Josef Steffner, Jahrgang 1979, absolvierte im Pichlmayrgut in Schladming seine Kochlehre. Nach Stationen in den besten Restaurants Europas führt er seit 2007 mit seiner Frau Maria das Mesnerhaus in Mauterndorf. Seither erkochte sich Steffner drei Hauben (Gault Millau), drei Sterne (À la Carte) und vier Gabeln (Falstaff).

© 2014 Servus bei Benevento Publishing, Salzburg. Eine Marke der Red Bull Media House GmbH. E-Mail: info@servus-buch.at. Fotos von Helge Kirchberger, Fotos S. 4, 11, 19, 35, 47, 51, 55, Umschlag: Herbert Lehmann, Foto S. 43: APA/Picture-desk, Fotos S. 2, 39, 59, 63: Fotolia, Fotos S. 23, 31: Mauritius Images. Redaktion: Birgit Moltinger. Lektorat: Barbara Haslinger. Titelsatz aus einer Kalligrafie von Karl Starzer, Satz aus der Adobe Garamond sowie der Matrix Script Book. Art Direction: Peter Feierabend. Gestaltung und Satz: Anna Kleindinst. Gebunden in Fadenheftung. Druck und Bindung: Druckerei Theiss. Gedruckt in Österreich.
ISBN 978-3-7104-0010-0
1 2 3 4 5 6 7 8 / 16 15 14
www.servus-buch.at